Campeones del Pacto

Guerreros de la unidad

Esta conferencia esta disenada y ungida, especificamente para ministrar a pastores y lideres de iglesia. El enemigo ataca a aquellos de nosotros que estamos en ministerio de formas unicas en nuestros matrimonios, y necesitamos estar preparados para enfrentar esos ataques. En muchas ocasiones, hay situaciones en nuestras vidas como lideres que ignoramos o escondemos permitiendole ganar al enemigo. Si lo logra, el no solo destruira nuestros matrimonios y familia, sino tambien aquellos que nos rodean y nos han visto en liderazgo.

Durante esta conferencia les pedimos que oren por aquellos asi como sus propios matrimonios.

Esten abiertos y transparentes para recibir lo que el Senor quiere decirte.

Trabajando juntos en el ministerio

Cuando trabajas con tu esposa(o) en el ministerio y en todas las areas de tu vida, recuerda que lo primero y mas importante es que la batalla le pertenece al Senor.

Study Scriptures
1 Thessalonians 5:11
Ecclesiastes 4:1
James 1:19,
Ephesians 18:19,
Luke 11:28,
1 John 5:14,
1 Peter 2:17,
Romans 12:10

Mateo 11:29-30 RV95

²⁹*Llevad mi yugo sobre vosotros y aprended de mí, que soy manso y humilde de corazón, y hallaréis descanso para vuestras almas,* ³⁰*porque mi yugo es fácil y ligera mi carga.»*

En muchas ocasiones, el desanimo viene a nuestro matrimonio por las cosas que suceden en el ministerio. Debemos de permanecer juntos si importar lo que suceda en nuestro ministerio. Debemos de vernos como un equipo.

Tu prioridad en trabajar juntos como pareja matrimonial es la oracion. Ora primero por tu propio matrimonio. No puedes ayudar a nadie si tu matrimonio es una víctima de guerra. Enfocate en hacer las siguientes cosas:

- Animense el uno al otro
- Protejanse el uno al otro
- Escuchen el uno al otro
- Oren el uno por el otro
- Honrense entre ustedes
- Escuchen a Dios juntos
- Tomen tiempo para estar juntos.

No expongan las debilidades del otro. Habra momentos en los que en la enseñanza, al ministrar o al dar su testimonio, mencionaras tus propias debilidades, pero eso es muy differente a exponer a tu conyuge.

Entendemos que la relacion entre esposo-esposa, se ve muy diferente en cada cultura, pero aun asi debe de alinearse con la palabra de Dios.

No estamos tratando de cambiar tu cultura, pero si debemos de insistir que el esposo y esposa enseñen y ministren juntos. Ese es el modelo que estamos mostrando al mundo para ver. Claro, eso se puede ver diferente entre cada pareja, pues cada pareja ministra a su propio estilo. No permitan que el enemigo comience a poner pensamientos de comparacion con alguien mas. Entre esposos, se debe de animar el uno al otro en sus dones unicos. Nuestro deseo es que ustedes desarrollen estas dos cosas en su ministerio:

1. Comuniquense el uno con el otro.
2. Sean una sola carne en liderazgo, no solo de titulo sino en accion.

Notas

Honrando a su cónyuge

1 Pedro 3:7 *7De igual manera, ustedes esposos, sean comprensivos en su vida conyugal, tratando cada uno a su esposa con respeto, ya que como mujer es más delicada, y ambos son herederos del grato don de la vida. Así nada estorbará las oraciones de ustedes.*

Cada línea de esta escritura es una perla preciosa en la que debemos tener paz en nuestro matrimonio.

- *Esta escritura habla de "entendimiento". Este es un aspecto crucial del honrar. Cada persona es diferente; y necesitamos conocer el corazón de nuestro cónyuge.* Debemos tener intimidad espiritual; ver dentro del otro. No nos referimos a la intimidad sexual, sino a vernos los corazones mutuamente. Conocer nuestros lenguajes del amor es vital para ministrarnos el uno al otro. Si no conoce sus lenguajes del amor, los puede encontrar en un *Test gratuito de lenguajes del amor* en línea.
- *"Honrar a la esposa como a vaso más frágil"* no significa que el hombre es superior en ninguna manera. Significa que el hombre es protector de la mujer. Nos gusta comparar a la esposa con la porcelana. ¡No es débil, sino de altísimo valor!
- *"Ser coherederas de la gracias de la vida"* Tienen el privilegio de envejecer juntos, cubiertos de la gracia de Dios.

"Que sus oraciones no sean estorbadas." Todos queremos que nuestras oraciones sean escuchadas, de ahí que necesitamos seguir las promesas de 1 Pedro 3:7.

Dios nos pide sometimiento mutuo.
- Mano a mano
- Cara a cara
- Dando y compartiendo
- Siendo vulnerables y transparentes
- Sin resentimientos

Pelee contra el desanimo

Gálatas 6:9 '*No nos cansemos, pues, de hacer bien, porque a su tiempo segaremos, si no desmayamos.* '

Notas

Manejando correctamente el ser juzgados por otros.

Sabemos que con el ministerio viene el ser juzgados por la gente en nuestras iglesias o ministerio. Lo unico que oidemos hacer como pareja es saber quienes somos en Cristo y orar el uno por el otro. Asi sea la forma en la que vivimos o nuestros hijos o cualquier cosa que el enemigo quiera hacer para hacernos caer.

Creciendo juntos

A. La oración es la disciplina más importante que usted puede practicar para conocer el corazón del Padre. Orar es solidificar su relación con el Señor. Conversamos con nuestros cónyuges o amigos para conocerles. Así aprendemos a escuchar sus corazones. Esa es una razón para orar. Por eso, el tiempo en oración con su cónyuge es muy importante; estamos escuchando el corazón de Dios juntos. Estamos poniéndonos de acuerdo con su corazón sobre nuestra vida en Una Sola Carne, y sobre otras relaciones. La oración es la médula de su crecimiento en todas las áreas.

Romanos 8:26-29
26 Además, el Espíritu Santo nos ayuda en nuestra debilidad. Por ejemplo, nosotros no sabemos qué quiere Dios que le pidamos en oración, pero el Espíritu Santo ora por nosotros con gemidos que no pueden expresarse con palabras. 27 Y el Padre, quien conoce cada corazón, sabe lo que el Espíritu dice, porque el Espíritu intercede por nosotros, los creyentes, en armonía con la voluntad de Dios. 28 Y sabemos que Dios hace que todas las cosas cooperen para el bien de quienes lo aman y son llamados según el propósito que él tiene para ellos. 29 Pues Dios conoció a los suyos de antemano y los eligió para que llegaran a ser como su Hijo, a fin de que su Hijo fuera el hijo mayor de muchos hermanos.

B. Tome la decisión de hacer de la oración diaria una prioridad. Debería ser lo primero en su lista de actividades diarias para tener una vida productiva.

C. Cuando establecemos una vida de oración, experimentaremos:

- Obediencia: Sea obediente para orar
- Disciplina: Una vida consistente de oración
- Gozo: Victoria en su vida a través de la oración
- Sean consistentes.
- Establezcan un horario y trate de seguirlo. Sean disciplinados al orar juntos por sus deseos individuales. Después, oren por sus necesidades como pareja.
- A medida que la oración se vuelva un estilo de vida, se deleitarán en su relación.
- Comiencen con poco, si así lo desean; sean fiel en lo poco y crecerán. Ejerciten su voluntad para estar de acuerdo con la voluntad del Padre.
- Alaben y Adoren a Dios mientras oren. La alabanza es un arma poderosa.

Salmo 100:4
4Entren por sus puertas con acción de gracias; vayan a sus atrios con alabanza. Denle gracias y alaben su nombre.

Por todo el estrés que caracteriza esta vida, necesitamos estar en el Espíritu y tomar tiempo para orar juntos. Podemos aliviar mucho el estrés y la falta de comunicación que puede ocurrir en el matrimonio. Estando en el Espíritu, al orar constantemente y escuchar la voz del Señor.

Filipenses 4:6
6No se preocupen por nada; en cambio, oren por todo. Díganle a Dios lo que necesitan y denle gracias por todo lo que él ha hecho

Cuando nos unimos en oración, tenemos todo el poder necesario para vencer al enemigo. La Escritura dice que "podemos derribar las fortalezas y todo lo que se levante contra Dios". Esa es una promesa fuerte. No importa lo que el enemigo lance sobre nuestro matrimonio, nuestros hijos, salud o finanzas; tenemos el poder sobre la situación con el Señor.

2 Corintios 10:4-5
4Usamos las armas poderosas de Dios, no las del mundo, para derribar las fortalezas del razonamiento humano y para destruir argumentos falsos. 5 Destruimos todo obstáculo de arrogancia que impide que la gente conozca a Dios. Capturamos los pensamientos rebeldes y enseñamos a las personas a obedecer a Cristo;

Oren la Palabra de Dios y no la nuestra.

Isaías 55:11
11Lo mismo sucede con mi palabra. La envío y siempre produce fruto; logrará todo lo que yo quiero, y prosperará en todos los lugares donde yo la envíe.

El fruto de orar juntos como pareja

Desatando: A través de la oración juntos, ustedes como pareja desatan el poder del Señor sobre su Una Sola Carne, su familia y sus circunstancias. La Palabra de Dios cobra vida cuando ustedes oran para liberar su poder.

Venciendo: Como pareja, pueden superar cualquier circunstancia que venga en su contra. Unidos, permanecerán, y no se moverán hasta recibir la victoria.

Unidad: Al orar como pareja, disfrutarán de la unidad. Tendrán unidad entre ustedes y con Dios. Cuando se mantienen unidos como un matrimonio, pueden ir hacia delante en todas las cosas. Construyen una cobertura protectora alrededor de su pacto y su familia.

Job 1:10
10Siempre has puesto un muro de protección alrededor de él, de su casa y de sus propiedades. Has hecho prosperar todo lo que hace. ¡Mira lo rico que es!

Mateo 6:9-13
9Ora de la siguiente manera: Padre nuestro que estás en el cielo, que sea siempre santo tu nombre. 10 Que tu reino venga pronto. Que se cumpla tu voluntad en la tierra como se cumple en el cielo. 11 Danos hoy el alimento que necesitamos, 12 y perdónanos nuestros pecados, así como hemos perdonado a los que pecan contra nosotros. 13 No permitas que cedamos ante la tentación, sino rescátanos del malignos.

Mateo 18:19-20
19 »También les digo lo siguiente: si dos de ustedes se ponen de acuerdo aquí en la tierra con respecto a cualquier cosa que pidan, mi Padre que está en el cielo la hará. 20 Pues donde se reúnen dos o tres en mi nombre, yo estoy allí entre ellos.

El estar de acuerdo no se trata solo de ustedes como pareja, sino sobre encontrar el corazón de Dios y alinearse con la voluntad del Padre en sus decisiones.

- Dios se preocupa por sus deseos.
    Salmos 37:4
    4Deléitate en el Señor, y él te concederá los deseos de tu corazón.

- Cuando le tenemos a Él como cordón de tres dobleces, sabemos que nuestras decisiones serán bendecidas.
    Eclesiastés 4:12
    12 Alguien que está solo puede ser atacado y vencido, pero si son dos, se ponen de espalda con espalda y vencen; mejor todavía si son tres, porque una cuerda triple no se corta fácilmente.

- El plan del enemigo es dividir y conquistar. Esto no sucederá si estamos de acuerdo con el plan de Dios. ¡Su deseo es que ustedes se multipliquen!
    Romanos 8:37
    27A pesar de todas estas cosas, nuestra victoria es absoluta por medio de Cristo, quien nos amó.

    Juntos somos invencibles

Romanos 8:37 RV
Sin embargo, en todo esto somos **más que vencedores** por medio de aquel que nos amó.

Amos 3:3
¿Pueden caminar dos juntos, sin antes ponerse de acuerdo?

Hay muchas formas de estar de acuerdo en las prácticas mundanas. Pero orar es la clave para conocer el corazón de Dios en cada situación.

- Dios no trata de engañarles. Él tiene la respuesta.
- El Señor les dará la respuesta cuando pasen tiempo juntos como pareja, para buscarle a Él y a su voluntad.
- Muchas parejas no reciben porque no piden. Ellos piensan que a Dios no le interesa. ¡A Él sí le interesa! Solo necesita que nos conectemos con Él para mostrarnos el camino.
- El estar de acuerdo no es hacer lo que quiero, o quién tiene mayor conocimiento sobre el tema.

Santiago 4:2-3
2 Desean lo que no tienen, entonces traman y hasta matan para conseguirlo. Envidian lo que otros tienen, pero no pueden obtenerlo, por eso luchan y les hacen la guerra para quitárselo. Sin embargo, no tienen lo que desean porque no se lo piden a Dios. 3 Aun cuando se lo piden, tampoco lo reciben porque lo piden con malas intenciones: desean solamente lo que les dará placer.

¿Cómo opera el esposo como la cabeza, para estar de acuerdo?

- El esposo es todavía la cabeza del hogar, como lo enseñamos en la lección Caminando en Unidad.
- Existe todavía sumisión mutua para tomar decisiones.
- El esposo, como cabeza de la familia, tiene la mayor responsabilidad. Debe asegurarse de que la pareja no avance en ninguna dirección, a menos que hayan discernido la voluntad de Dios. El esposo debe asegurarse de que la pareja esté de acuerdo con lo que escuchan. Deben estar confiados de que han escuchado al Señor. Entonces, pueden ir juntos hacia adelante.
- Asegúrense de escuchar lo que esté de acuerdo con la Palabra.
- Escuchen y reciban la confirmación de Dios sobre su decisión.
- Dios conoce lo mejor. A la larga, estarán felices de haber estado de acuerdo con El.

Juan 10:14
14Yo soy el buen pastor; conozco a mis ovejas, y ellas me conocen a mí,

Haga una lista de las decisiones por las que quisiera a orar. Escriba sus respuestas y siga las indicaciones del Señor. Sea paciente; todo será en el tiempo del Señor. Recuerde que el hombre no debe determinar el límite de tiempo para tomar una decisión; ¡pero Dios sí! ¡Él no le fallará! ¡Él nunca llega tarde!

Las finanzas es una area que el enemigo usa para causar estres en nuestros matrimonios. Sabemos que hemos sido llamados al ministerio para hacer dinero. Si logramos estar en acuerdo con nuestro conyuge y Dios sobre nuestras finanzas, podemos vencer los ataques del enemigo en esta area.

Podrían hacer una lista de las ventajas y desventajas del asunto sobre el que quieren ponerse de acuerdo. A veces requiere que se quiten las emociones de por medio. Verán cosas que antes no habían visto. Solo recuerden, esperen en el Señor para recibir su respuesta. Asegúrense de estar de acuerdo con Él y entre ustedes. No manipulen para salirse con la suya a través de la lógica o las emociones.

Notas

Intimidad

El amor de Dios por nosotros no tiene fin.
- Su amor esta presente en toda situacion
- El esta interesado en todas las areas de nuestras vidas
- El desea que permanezcamos fuertes en todas las areas de nuestro matrimonio
a. Cuerpo
b. Alma
c. Espiritu

Isaias 59:1
He aquí que no se ha acortado la mano de Jehová para salvar,
ni se ha endurecido su oído para oír;

Nuestra intimidad fisica es importante para Dios
- Una relacion sexual piadosa es importante para Dios
- Es parte del diseno de Dios. El matrimonio y la intimidad sexual fueron creados por Dios
- El amor sexual fue creado para el esposo y esposa de manera equitativa
- Dios no se sale de la recamara cuando nosotros estamos solos. Dios es parte de nuestra intimidad.

1 Corintios 7:5 NVUS
5 No se nieguen a tener relaciones sexuales el uno con el otro, a no ser de común acuerdo. Y esto, solo por un tiempo, para dedicarse a la oración. No tarden en volver a tener relaciones nuevamente. Si no pueden dominar el deseo de tener relaciones, Satanás podría hacerlos caer en pecado.

   La Palabra de Dios es muy clara
- Solo detengan la intimidad por "un tiempo"
    a. Algunas traducciones difieren en el termino "un tiempo" por "limitado" o "corto" para orar y ayunar.
    b. La Palabra de Dios nos muestra que es la intimidad es proteccion para no caer en tentacion.

   La intimidad fisica en el matrimonio es un tiempo para ministrarse el uno al otro.
- No es un acto egoista
- Debemos de ser mas atentos a los deseos de nuestro esposo (a) que los propios,

Cantares 2:7 NVI
7 Yo os conjuro, oh doncellas de Jerusalén, por los corzos y por las ciervas del campo, que no despertéis ni hagáis velar al amor, hasta que quiera.

Dios proveyó de todo una sedccione en la Biblia dedicada al amor romantico del matrimonio; Cantares es ese libro. Tiene tantas metaforas y figuras de lo que la intimidad marital es. Cantares no tan solo el la base el Pacto de amor entre el hombre y Dios, sino tambien la descripcion de la relacion entre esposo y esposa. Cantares usa simbolismos cuando se refiere a la mujer Sulamita y a sus jardines. Estos ejemplos no solo se toman como fruto del amor romantico, sino tambien como una bendicion pare el pueblo de Israel. Lean los Cantares en pareja.

El tiempo de oracion que pasen juntos va a ayudar a desarrollar su relacion sexual.
- La oracion es intimidad.

- Conocer el corazon de tu pareja proviene de una comunicacion juntos con el Senor

- Aprendiendo a conocer el corazon de Dios juntos.

- La oracion produce una conexion mas profunda entre ambos

- El tiempo de oracion que pasen juntos encendera el amor entre ambos

- Oren por las cosas intimas de su corazon

- Oren para que el Senor los entrelace en cuerpo, alma y espiritu

- Oren por la proteccion de Dios sobre su intimidad

- Oren que la percepcion mutua sea la correcta

- Oren por pureza

- Oren por respeto mutuo

- El Pacto es absoluto en la intimidad.

Por esta razon es que Dios permite intimidad sexual solo en el matrimonio. La intimidad requiere de una pacto de pureza para que pueda florecer.

Hebreos 13:4
4 Honroso sea en todos el matrimonio, y el lecho sin mancilla; pero a los fornicarios y a los adúlteros los juzgará Dios.
Nuestro Pacto Matrimonial da proteccion a nuestra intimidad.
- Cuando estamos en Pacto, podemos declarar las promesas de Dios para nuestro matrimonio.
- Sandando las heridas en nuestra sexualidad.
- Muchas veces tanto hombres como mujeres han sido lastimados en su sexualidad.
- Esto puede ser devastador tanto individualmente como matrimonialmente.
- Jesus desea sanar todas esas heridas y hacerte completo. Jesus desea sanar todas las areas en las que has sido herido. El Espiritu Santo te mostrara todo esto mientras le buscas en oracion.

Tomen tiempo ahora para orar juntos y pedirle al Señor que les muestre como perdonar las ofensas de otros, asi como el perdonarse el uno al otro como matrimonio. Pidanle al Señor que les muestre como caminar en Su perdon, mantenerse en el el Pacto y ser un ejemplo biblico del Pacto en tu familia.

"Bendecimos a estas parejas en el nombre de Jesus. Señor, te pedimos que pongas el perdon en sus corazones y bendigas su relacion en cada area; espiritu, alma y cuerpo. Bendice su amor e intimidad, que se puedan entender el ono al otro. Espiritu Santo, te pedimos que fluyas en la relacion de cada pareja para sanar cada area lastimada. Pedimos que el Señor ponga un cerco de proteccion alrededor de su unidad como Una Sola Carne, y en sus familias asi como en sus iglesias y ministerio.

Eclesiastes 4:9-11
9Dos son mejor que uno,

porque sacan más provecho de sus afanes.

10Si uno de ellos se tropieza, el otro lo levanta.

¡Pero ay de aquel que tropieza

y no hay quien lo levante!

11Si dos se acuestan juntos, mutuamente se calientan;

pero uno solo no puede calentarse.

Notas

Missionaries2Marriages esta ministrando en mas de 30 naciones y 20 idiomas. Hemos sido llamados para alcanzar cada nacion con el poder sanados de Jesus en los matrimonios y familias.

Hay muchas formas en las que puedes ayudar:
- Has sido llamado a ministrar a matrimonios?
- Puedes apoyar el vasto trabajo de manera financiera aportando para los viajes y traducciones necesarias?
- Tienes una carga por alguna area del mundo?
- Alguna vez has sonado con viajes misioneros cortos?
- Puedes apoyar financieramente a un Centro de Entrenamiento?
- Puedes apoyar a uno de nuestros Coordinadores Internacionales?
- Puedes apoyar en nuestras reuniones Rompiendo Cadenas en linea en paises tercermundistas? (Proveyendo alimento para las parejas que se encuentran reuniendose en su pais) puedes ministrarles en linea!
- Puedes participar con $18 US dolares por mes para el sostenimiento de nuestra vision!
- Para cualquiera de las oportunidades financieras mencionadas, por favor visita www.Missionaries2Marriages.com y presiona el boton de donacion, para aportes mensuales, ve al boton de suscripción debajo del boton de donativos.
- Por favor contactanos si requieres mas recursos o ayuda en tu matrimonio. Aliate con nosotros para ver los matrimonios bendecidos al rededor del mundo!

Amigos Nuevos

Amigos Nuevos

www.ingramcontent.com/pod-product-compliance
Lightning Source LLC
Chambersburg PA
CBHW081800100526
44592CB00015B/2512